구약

5
선지자와 왕

가스펠 프로젝트 유치부

구약 5 선지자와 왕

지은이 | LifeWay Kids
옮긴이 | 권혜신
감 수 | 김병훈·이희성·정희영

초판 발행 | 2017. 11. 22
4쇄 발행 | 2022. 7. 10
등록번호 | 제1988-000080호
등록된 곳 | 서울특별시 용산구 서빙고로65길 38
발행처 | 사단법인 두란노서원
영업부 | 02) 2078-3352, 3452, 3752, 3781
FAX 080-749-3705
편집부 | 02) 2078-3437

표지디자인 | 땅콩프레스
활동 연구 | 김찬숙·박청아
이향순·진명선·홍선아

책값은 뒤표지에 있습니다.
ISBN 978-89-531-3001-2 04230

홈페이지 | gospelproject.co.kr
두란노몰 | mall.duranno.com

차례

1 엘리야가 악한 아합을 꾸짖었어요

아합은 이스라엘 백성이 가짜 신 바알을 섬기게 만들었어요.
그러자 하나님이 오랫동안 비가 내리지 않게 하셨어요.
엘리야는 누가 진짜 하나님인지 보여 줄 시합을 하자고 제안했어요.
하나님은 엘리야의 제단에 불을 내려 자신이 하나님임을 나타내셨어요.

다른 그림 찾기

오직 한 분이신 하나님

누가누가 이길까?

바알 선지자들과 엘리야가 제단을 쌓고 예배하는 장면이에요.
서로 다른 부분 8가지를 찾아 오른쪽 그림에 ○표 하세요.

이야기 나누기

- 바알의 선지자들은 왜 큰 소리를 지르고 춤을 추며 제단 주위를 돌았나요?
- 하나님이 우리의 기도를 들으시게 하려면 어떻게 해야 하나요?

2 엘리야가 이세벨을 피해 도망쳤어요

아합왕의 아내 이세벨이 엘리야를 해치려고 했어요.
엘리야는 도망쳐 동굴에 숨었어요.
그때 하나님이 엘리야에게 용기를 주셨어요.
하나님은 부드럽고 조용한 소리로 엘리야에게 말씀하셨어요.

분류하기

위로자이신 하나님

엘리야에게 필요한 것은?

엘리야가 지쳐 잠들었을 때 하나님의 천사가 나타나서 위로해 주었어요.
그림에서 어울리지 않는 물건 6가지에 ×표 하고, 엘리야를 찾아온 천사를 그려 주세요.

이야기 나누기

- 엘리야는 왜 도망을 갔나요?
- 하나님이 엘리야를 어떻게 위로해 주셨나요?

3 하나님이 나아만을 고쳐 주셨어요

나아만은 용감한 군인이었지만 한센병(나병)이라는 심각한 병에 걸렸어요.
하나님의 말씀을 전하는 선지자인 엘리사는 나아만에게 요단강에 가서 몸을 일곱 번 씻으라고 말했어요. 하나님이 나아만을 고쳐 주셨어요.
나아만은 하나님이 진짜 하나님이시라고 말했어요.

병을 고치시는
능력의
하나님

내가 만약 나아만이라면?

그림에서 아픈 사람을 찾아 ○표 하고, 어디가 아픈지 생각해 보세요.
33쪽 '나아만 인형'을 떼어 뒷면에 나무 막대를 붙이고,
내가 만약 병 고침을 받은 나아만이라면 아픈 사람들에게 다가가
무슨 말을 해 주고 싶을지 상상하며 이야기해 보세요.

이야기 나누기

- 나아만을 낫게 해 주신 분은 누구이신가요?
- 하나님은 우리의 아픔과 고통을 낫게 하려고 어떤 일을 하셨나요?

4 하나님이 이사야를 부르셨어요

이사야는 거룩하신 하나님을 보았어요.
이사야는 자신이 큰 죄인임을 깨닫고 겁이 났어요.
하나님은 이사야를 하나님의 백성에게 보내 하나님의 말씀을 전하게 하셨어요.

순서대로 선 잇기

선지자를 통해 말씀하시는 하나님

꼬불꼬불 지그재그!

그림을 보고 이야기를 나눈 후 여러 가지 선을 이용해 이야기 순서대로 연결해 보세요.
상황에 따라 이스라엘 백성의 기분이 어떠했을지 생각해 보고 얼굴 표정을 그려 주세요.

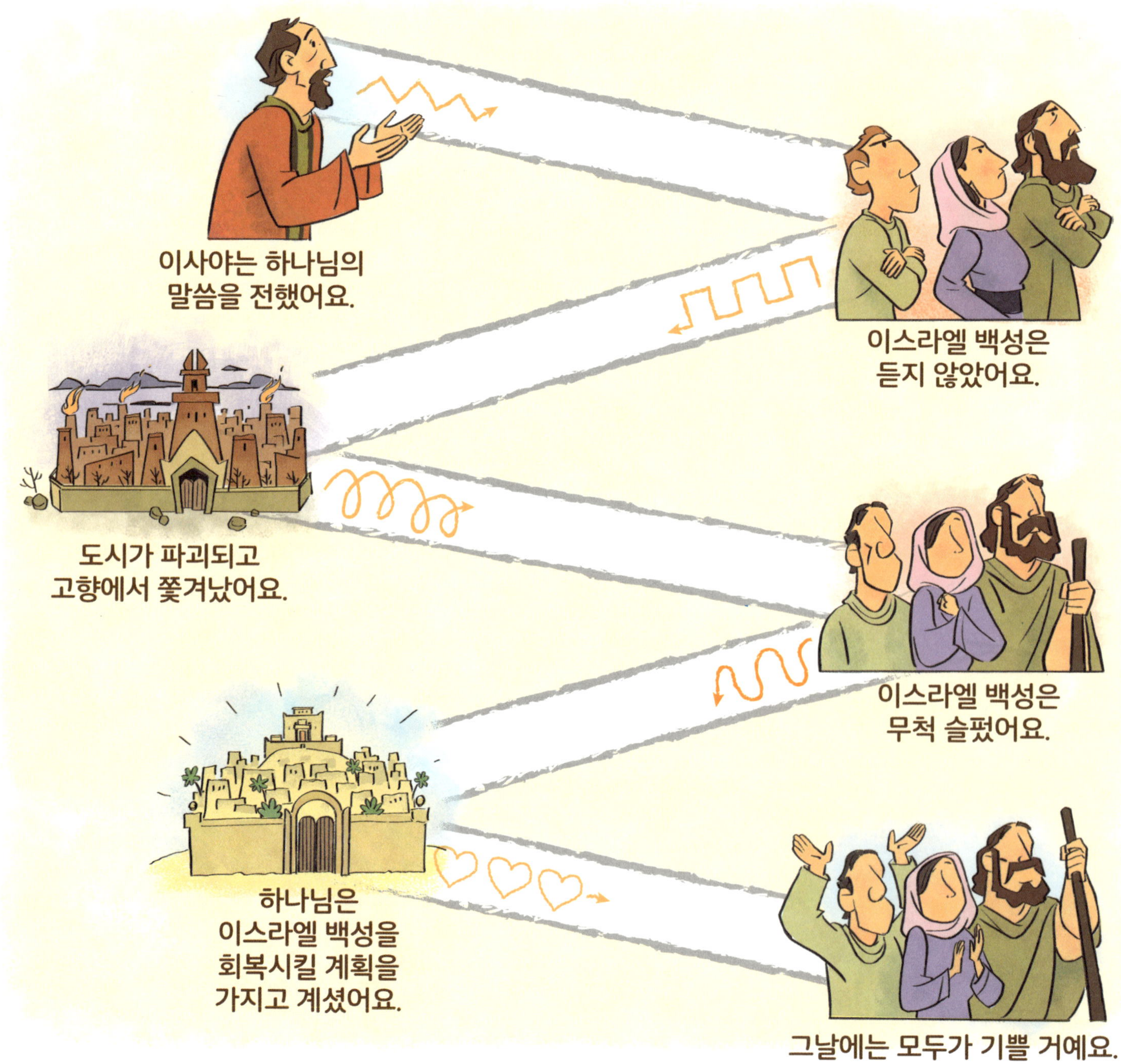

이야기 나누기

- 하나님 앞에 선 이사야는 왜 두려워했나요?
- 이사야를 부르시는 하나님 앞에서 이사야는 무엇이라고 대답했나요?

5 이사야가 메시아에 대해 외쳤어요

이사야는 이스라엘 백성에게 하나님이 메시아를 보내실 것이라고 말했어요.
하나님은 하나님의 종인 메시아가 고통받을 것이라고 말씀하셨어요.
메시아는 우리가 받아야 할 죄의 벌을 대신 받은 뒤 다시 살아나실 거예요.

점 잇기

이사야의 예언

누구일까요?

그림에 찍힌 다양한 색깔의 점을 각각 같은 색끼리 선으로 이어서 그림을 완성하고 누구인지 알아맞혀 보세요.
이사야는 누가 올 것이라고 예언했나요?

메시아는 바로 나를 구원하신 ☐☐☐ 이세요!

이야기 나누기

- 이사야는 우리를 위해 누가 올 것이라고 예언했나요?
- 이사야가 외쳤을 때 이스라엘 백성은 어떻게 생각했나요?

6 히스기야는 남 유다의 ★신실한 왕이었어요

어느 날 아시리아왕이 남 유다를 공격하겠다고 말했어요.
히스기야왕은 남 유다를 아시리아왕의 손에서 구해 달라고 하나님께 기도했어요.
하나님은 하나님의 백성을 구해 주셨어요.

★신실한 : 믿음직하고 착실한

숨은그림 찾기

히스기야의 기도를 들으신 하나님

두루마리를 찾아라!

그림을 자세히 보면 히스기야왕이 아시리아왕에게 받은 두루마리(편지)가 5개 숨겨져 있어요. 모두 찾아 ○표 하세요.
빈칸에 기도하는 히스기야왕의 모습을 그려 보세요.

히스기야는 아시리아왕의 편지를 받고 두려웠어요.

이야기 나누기

- 언제 하나님께 기도하나요?
- 나의 기도를 듣고 계시는 하나님을 생각하면 어떤 기분이 드나요?

히스기야는 기도했어요.

7 하나님이 호세아를 통해 북 이스라엘에 사랑을 전하셨어요

하나님은 이스라엘에게 가르침을 주시려고 호세아에게 고멜과 결혼하라고 하셨어요.
고멜은 마음을 다해 호세아를 사랑하지 않았지만 호세아는 고멜을 끝까지 사랑했어요.
이스라엘 백성은 마음을 다해 하나님을 사랑하지 않았어요.
하지만 하나님은 하나님을 사랑하지 않는 사람도 사랑하세요.

미로 찾기

끝까지 포기하지 않으시는 하나님

고멜을 찾아요!

호세아는 자신을 사랑하지 않는 고멜을 끝까지 포기하지 않고 찾았어요.
호세아가 고멜에게 갈 수 있도록 미로를 통과해 보세요.

이야기 나누기

- 하나님은 왜 호세아에게 그를 사랑하지도 않는 고멜과 결혼하라고 하셨나요?
- 우리가 하나님을 알지 못했을 때 하나님은 우리를 어떻게 생각하셨을까요?

8 하나님이 요나를 통해 니느웨에 사랑을 전하셨어요

하나님은 요나에게 니느웨 백성에게 가서 죄를 그만 지으라고 말하라고 하셨어요. 그러나 요나는 반대 방향으로 가는 배를 탔고 폭풍을 만나 바다에 빠졌어요. 하나님이 큰 물고기를 보내 요나를 삼키게 하셨어요. 회개한 요나는 니느웨로 가서 말씀을 전했고 니느웨 백성은 잘못을 뉘우쳤어요. 하나님이 니느웨 백성을 불쌍히 여기시는 모습을 본 요나는 화가 났어요.

이야기 꾸미기

모든 사람을 불쌍히 여기시는 하나님

요나가 바다에 빠졌어요!

'바다 배경'과 '요나 인형', '큰 물고기 인형'을 이용해 '요나 이야기'를 꾸며 보세요.

준비물 ▶ 35쪽 '바다 배경', 33쪽 '요나 인형과 '큰 물고기 인형', 파란색 셀로판지, 셀로판테이프

1. 35쪽의 '바다 배경'과 33쪽의 '요나 인형', '큰 물고기 인형'을 떼어 준비하세요.

2. '바다 배경' 위에 파란색 셀로판지를 덮고 위아래를 셀로판테이프로 고정하세요.

3. '바다 배경'과 셀로판지 사이에 '요나 인형'과 '큰 물고기 인형'을 끼워 움직이면서 '요나 이야기'를 꾸며 보세요.

이야기 나누기

- 요나는 왜 바다에 빠졌나요?
- 큰 물고기 배 속에서 요나는 하나님께 어떤 기도를 드렸나요?
- 니느웨 백성을 향한 하나님의 마음은 어떠했나요?
- 얄미운 사람들에게도 복음을 전해야 할까요?

9 하나님이 요엘을 통해 남 유다에 사랑을 전하셨어요

남 유다 백성은 하나님의 말씀대로 살지 않았어요. 그러자 하나님이 가뭄과 메뚜기 떼를 보내셔서 식물들이 모두 말라 죽었어요. 하나님은 회개하라고 경고하셨어요. 요엘은 하나님이 군대를 보내 남 유다를 공격하게 하실 것이라고 말했어요. 여호와의 날이 오면 하나님이 모든 것을 바로잡으실 거예요.

글씨 쓰기

하나님께로 돌아가요!

남 유다에 몰려온 메뚜기 떼가 무슨 말을 전하고 있나요?
말풍선에 적힌 흐린 글씨를 따라 쓰면서 메뚜기들이 전하는 메시지를 읽어 보세요.

돌이키기 원하시는 하나님

이야기 나누기

- 왜 남 유다 백성에게 메뚜기 떼가 몰려왔나요?
- 요엘은 그들에게 하나님이 어떤 분이시라고 말했나요?

10 하나님이 예레미야를 부르셨어요

하나님은 예레미야를 선지자로 부르셨어요. 예레미야가 겁을 내자 하나님은 그와 함께 하겠다고 약속하셨어요. 하나님은 예레미야가 하나님의 백성에게 가서 "하나님이 벌을 주시겠지만, 다시 강하게 하실 것입니다"라고 말하기를 바라셨어요. 하나님은 예레미야에게 두 가지 *환상을 보여 주셨어요.

*환상 : 깨어 있는데도 꿈꾸는 것같이 무언가 보이는 것

그림 찾기

선지자를 세우신 하나님

예레미야를 찾아라!

예레미야는 하나님의 백성에게 하나님의 말씀을 전하도록 부름받았어요.
그림에서 예레미야를 찾아 ○표 하세요. 모두 4명의 예레미야가 있어요.
예레미야는 사람들에게 무엇이라고 말했을까요?
33쪽 '말풍선'을 떼어 선생님을 따라 글씨를 읽은 후 4명의 예레미야에게 각각 풀로 붙여 주세요.

이야기 나누기

- 하나님은 왜 예레미야를 부르셨나요?
- 하나님은 두려워하는 예레미야에게 무엇이라고 말씀하셨나요?

11 예레미야가 새 언약에 대해 예언했어요

하나님의 백성은 하나님과 맺은 언약을 지키지 않았어요. 예레미야는 죄가 사람들의 마음을 비뚤어지게 만든다고 했어요. 하나님은 더 나은 언약을 맺겠다고 약속하셨어요. 하나님은 하나님의 백성의 마음을 바꾸시고, 하나님의 명령을 지킬 힘을 주겠다고 약속하셨어요.

마음 열기

규칙 찾기

하트 규칙을 찾아보아요!

각각의 줄마다 하트 모양이 나오는 규칙이 달라요.
반복되는 규칙이 무엇인지 생각해 본 후 마지막에 들어갈 하트에 ○표 하세요.

이야기 나누기

- 제일 예뻐 보이는 하트는 어떤 것인가요?
- 내 마음은 어떤 모습일까요?
- 죄로 물든 마음은 어떤 모습일까요?

실험

우리의 죄를 용서하시는 하나님

사라졌다, 사라졌어!

준비물 ▶ 철가루, 자석, 색연필, 37쪽 '죄'라고 쓰인 종이, 26쪽 '구원'이라고 쓰인 종이

1. 37쪽 '죄'라고 쓰인 종이를 잘라 낸 후 '죄' 글자를 조심스럽게 떼어 주세요. 26쪽 '구원'이라고 쓰인 종이를 잘라 준비해 주세요.

2. '죄' 종이를 '구원' 종이 위에 올리세요.

3. 겹쳐진 종이 위에 철가루를 뿌리세요.

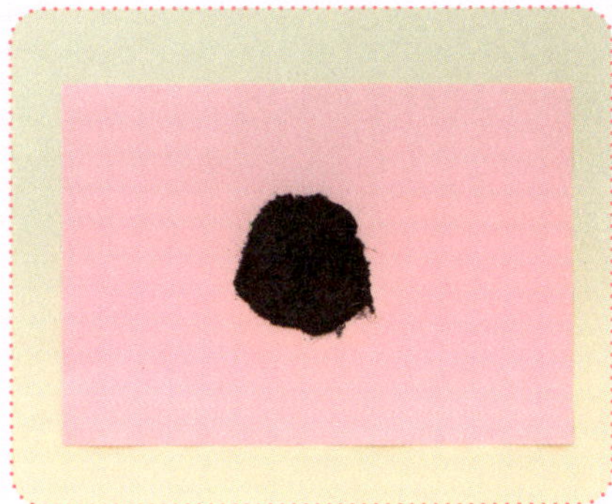

4. '죄' 종이를 조심스럽게 들어 올린 후 빼내세요. 남은 자리에는 철가루로 된 '죄'라는 글자가 남아요.

5. 다 함께 '죄'라는 글자를 읽은 후 자석을 갖다 대세요.

6. 자석에 철가루가 모두 붙어 '죄'라는 글자가 사라지면 '구원'이라는 글자가 남아요.

7. 색연필을 이용해 '구원' 글자를 색칠하세요. 우리의 죄를 완전히 없애시고 우리를 구원하신 분이 누구이신지에 대해 이야기를 나누어 보세요.

이야기 나누기

- 우리의 죄를 없앨 수 있는 분은 누구이신가요?
- 하나님은 우리의 죄로 인해 어떠한 일을 하셨나요?

구원

12 남 유다 백성이 포로로 잡혀갔어요

유다의 왕들은 나쁜 행동을 많이 했어요.
남 유다 백성은 하나님께 돌아오라는 선지자들의 말을 듣지 않았어요.
하나님은 바벨론이 쳐들어와 남 유다 백성을 잡아가도록 내버려 두셨어요.
하나님은 남 유다 백성이 포로로 잡혀가게 하셨어요.

조작하기

포로가 된 하나님의 백성

남 유다 백성이 포로로 끌려가요!

준비물 ▶ 33쪽 '포로가 된 남 유다 백성', 39쪽 '바벨론 지도', 풀

1 33쪽의 '포로가 된 남 유다 백성'과 39쪽 '바벨론 지도'를 떼어 준비하세요.

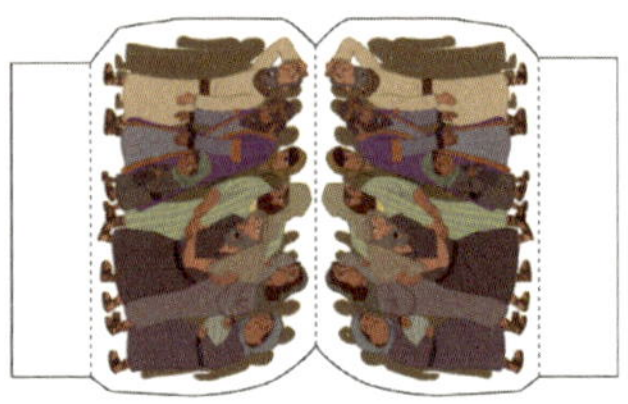

2 '포로가 된 남 유다 백성'을 반으로 접은 후 아래 부분을 점선대로 바깥으로 접어 올리고 풀을 이용해 고정하세요.

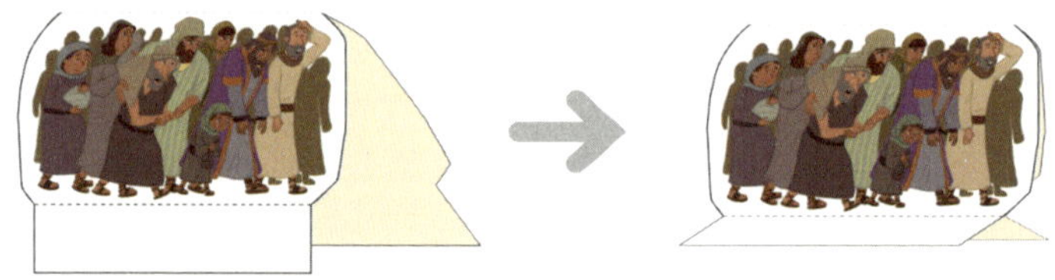

3 ❷를 '바벨론 지도'의 칼선에 끼워서 남 유다 백성이 포로가 되어 바벨론으로 끌려가는 모습을 표현해 보세요.

4 남 유다 백성이 왜 바벨론에 포로로 끌려가게 되었는지에 대해 이야기를 나누어 보세요.

이야기 나누기

- 하나님은 왜 남 유다 백성이 포로로 끌려가도록 내버려 두셨나요?
- 하나님의 백성을 벌하시는 하나님의 마음은 어떠했을까요?

13 에스겔이 앞날의 소망을 이야기했어요

하나님은 에스겔에게 마른 뼈에 대한 환상을 보여 주셨어요.
하나님의 명령대로 에스겔이 뼈들에게 말하자 뼈들이 살아났어요.
하나님은 하나님의 백성도 이 뼈들과 같다고 말씀하셨어요.
하나님은 하나님의 백성을 다시 고향으로 데려올 계획을 세우셨어요.

마른 뼈가 살아나도록 제자리를 찾아 주세요!

마른 뼈를 살리신 하나님

하나님은 마른 뼈가 살아나게 하실 수 있는 분이세요. 죽은 자라도 살리실 수 있지요.
빈자리에 알맞은 뼈를 찾아 선을 그어 보세요.

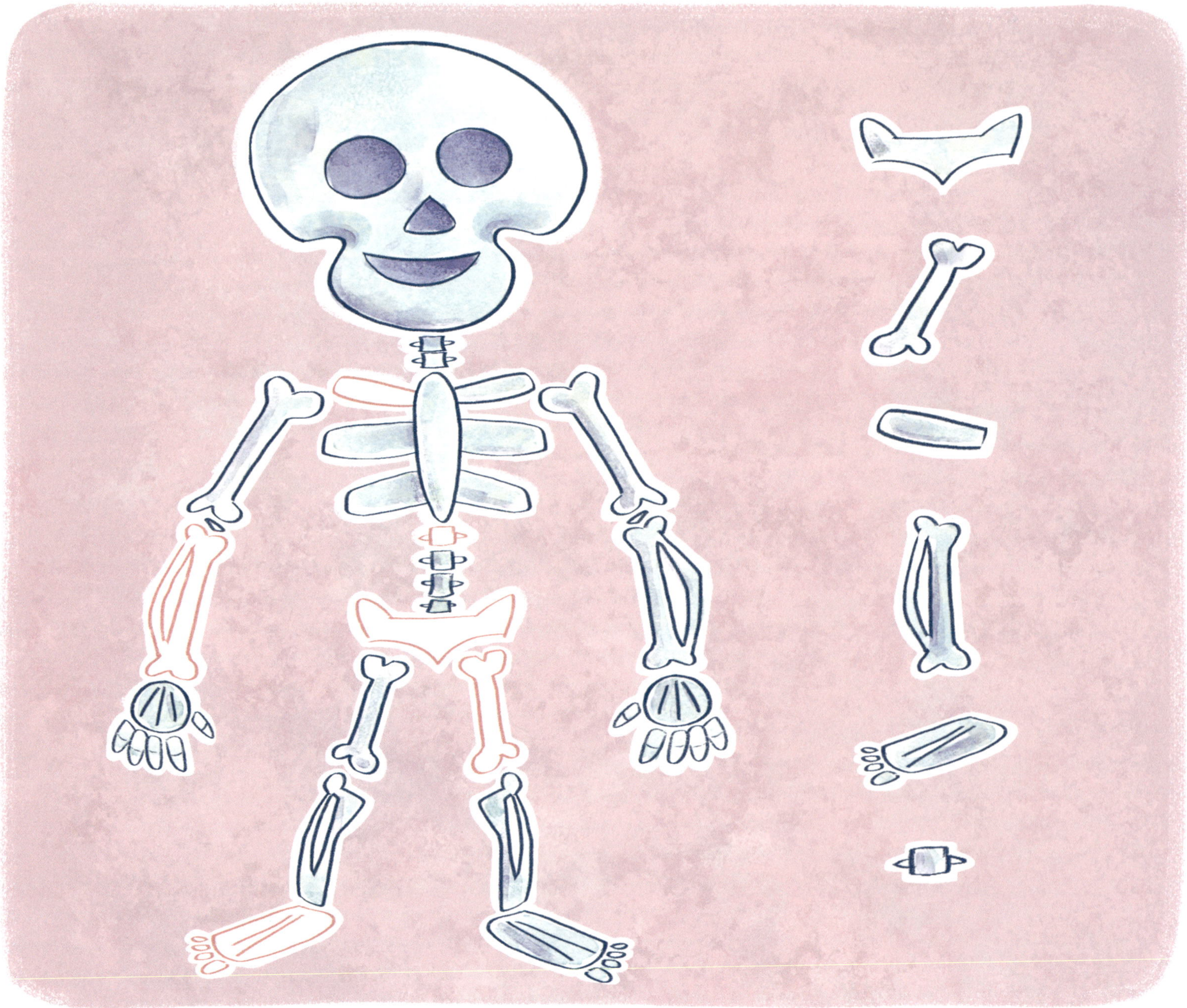

이야기 나누기

- 에스겔은 어떤 환상을 보았나요?
- 하나님의 백성을 다시 고향으로 돌아가게 하실 수 있는 분은 누구이신가요?

한눈에 보는

가스펠 프로젝트 연대표

3과 나아만 인형

10과 예레미야의 말풍선

12과 포로가 된 남 유다 백성

8과 요나 인형

8과 큰 물고기 인형

바벨론
남 유다

가스펠 프로젝트

가족 활동

메시지 카드

1. 엘리야가 악한 아합을 꾸짖었어요

왕상 18장

2. 엘리야가 이세벨을 피해 도망쳤어요

왕상 19장

3. 하나님이 나아만을 고쳐 주셨어요

왕하 5장

부모님께

메시지 카드에는 아이들이 배운 성경 이야기를 되새기며 삶에 적용할 수 있는 가족 활동이 담겨 있습니다. 그림을 보며 성경 이야기를 회상하고 성경 본문을 찾아 함께 읽으며 가족의 묵상을 나누어 보세요. 카드의 그림은 성경의 흐름을 기억할 수 있는 단서가 될 것입니다.

5권 '선지자와 왕'에 담긴 가스펠

하나님은 엘리야, 엘리사, 이사야, 히스기야, 호세아, 요나, 요엘, 예레미야 및 에스겔과 같은 선지자와 왕의 삶과 메시지를 통해 하나님의 사랑과 신실하심을 백성에게 가르치셨습니다. 계속된 불순종이 그들을 포로 생활로 내몰 때조차 하나님은 백성을 끝까지 포기하지 않으셨습니다. 하나님은 노하기를 더디 하시며 인애와 자비, 긍휼이 풍성한 분이십니다. 이것은 구원자 예수님을 보내 백성을 구하시려는 계획을 통해 드러났습니다.

1. 엘리야가 악한 아합을 꾸짖었어요

주제 하나님이 바알의 선지자들을 물리치셨어요.

단원 암송 히 1:1~2상

성경의 초점 하나님 말고 다른 신이 있나요?
진짜 하나님은 오직 한 분뿐이세요.

예수님 생각하기 가짜 신 바알을 섬기던 사람들은 자기들이 바알을 사랑한다는 것을 보여 주기 위해 춤추고 소리를 질렀어요. 하지만 하나님은 우리를 향한 사랑을 나타내기 위해 하나님의 아들 예수님을 보내셨어요. 예수님은 사람들을 죄에서 구원하기 위해 피 흘리고 죽으셨어요.

가족과 이야기해요

- 바알의 선지자들은 왜 큰 소리를 지르고 춤을 추며 제단 주위를 돌았나요?
- 하나님이 우리의 기도를 들으시게 하려면 어떻게 해야 하나요?
- 하나님이 우리를 위해 어떤 적들을 물리쳐 주셨나요?

가족과 활동해요

- 야외에서 화덕을 만들고 이웃 가족을 초대해 고구마 등을 구워 먹으며 하나님이 엘리야의 제단에 어떻게 불을 붙이셨는지 이야기를 나누어 보세요.

2. 엘리야가 이세벨을 피해 도망쳤어요

주제 하나님이 엘리야에게 용기를 주셨어요.

단원 암송 히 1:1~2상

성경의 초점 하나님 말고 다른 신이 있나요?
진짜 하나님은 오직 한 분뿐이세요.

예수님 생각하기 하나님의 말씀을 선포하는 선지자 엘리야는 자신을 해치려는 적들의 공격을 받았어요. 엘리야의 인생은 예수님을 가리키고 있어요. 위대한 선지자이신 예수님도 하나님의 말씀을 전하고 가르친다는 이유로 미움받고 죽임당하셨어요.

가족과 이야기해요

- 하나님은 왜 불이나 바람, 지진이 아니라 조용한 소리로 자신을 나타내셨나요?
- 하나님이 사람들에게 자신을 나타내시는 방법에는 어떤 것들이 있나요?
- 우리가 두려울 때나 용기가 사라졌을 때 하나님이 우리를 돌보신다는 사실을 어떻게 알 수 있나요?

가족과 활동해요

- 종이컵 두 개와 실로 '전화기'를 만들어 보세요. 컵의 바닥에 구멍을 뚫은 뒤, 실을 넣고 끝을 매듭지어 컵을 서로 연결합니다. 실이 팽팽해지도록 '전화기'를 들고 멀리 떨어져 속삭이며 이야기해 보세요.

3. 하나님이 나아만을 고쳐 주셨어요

주제 하나님이 엘리사를 통해 나아만을 고쳐 주셨어요.

단원 암송 히 1:1~2상

성경의 초점 하나님 말고 다른 신이 있나요?
진짜 하나님은 오직 한 분뿐이세요.

예수님 생각하기 하나님은 나아만의 병을 깨끗이 낫게 해 주셨어요. 우리도 죄라는 병에 걸려 아프지만 예수님을 믿고 의지할 때 하나님이 우리를 고쳐 주세요. 하나님은 우리를 용서하시고, 우리를 낫게 하세요.

가족과 이야기해요

- 나아만의 아내의 여종은 왜 여주인에게 엘리사 이야기를 해 주었나요?
- 엘리사의 치료 방법을 듣고 나아만은 왜 기분이 나빴나요?
- 죄라는 병은 어떻게 해야 고칠 수 있나요?

가족과 활동해요

- 어린이용 잡지나 놀이 책을 준비해 지역의 어린이 병원에 선물해 주세요.
- 혹시 우리 교회 성도 중에 병에 걸렸거나 또는 연로해 집에만 계시는 분이 있는지 교역자들에게 물어보세요. 아이들과 함께 방문해 음식을 대접하거나 병이 낫도록 기도해 주세요.

4. 하나님이 이사야를 부르셨어요

사 6장

5. 이사야가 메시아에 대해 외쳤어요

사 53장

6. 히스기야는 남 유다의 신실한 왕이었어요

왕하 18~19장

7. 하나님이 호세아를 통해 북 이스라엘에 사랑을 전하셨어요

호 1~14장

4. 하나님이 이사야를 부르셨어요

주제 이사야가 거룩하신 하나님을 보았어요.

단원 암송 히 1:1~2상

성경의 초점 하나님 말고 다른 신이 있나요?
진짜 하나님은 오직 한 분뿐이세요.

예수님 생각하기 이사야는 자기가 죄인이라서 하나님과 함께 있을 수 없다는 사실을 깨달았어요. 거룩하신 하나님은 이사야의 죄를 용서해 주셨어요. 이사야처럼 우리도 죄 때문에 하나님께 가까이 갈 수 없어요. 하지만 하나님이 아들이신 예수님을 보내 우리 죄를 없애 주셨어요. 오직 하나님만 우리를 구원하실 수 있어요.

가족과 이야기해요
- 이사야는 하나님 앞에 서는 것이 왜 두려웠나요?
- 하나님의 영광은 어떤 모습일까요?
- 이 이야기는 예수님의 이야기와 어떤 점이 비슷한가요?

가족과 활동해요
- 늘 만나는 사람들 중에 예수님을 모를 것 같은 사람이 있나요? 그에게 복음을 전할 수 있는 기회를 달라고 하나님께 기도하세요.
- 아이들과 함께 어떻게 하면 복음을 전할 수 있을지 고민하는 시간을 가져 보세요. 가족 단위로 참여할 수 있는 봉사활동 기회가 있는지 교역자들에게 물어보세요.

5. 이사야가 메시아에 대해 외쳤어요

주제 하나님은 메시아가 고통받을 것이라고 말씀하셨어요.

단원 암송 히 1:1~2상

성경의 초점 하나님 말고 다른 신이 있나요?
진짜 하나님은 오직 한 분뿐이세요.

예수님 생각하기 예수님이 우리의 죄 때문에 십자가에서 죽으신 것은 모두 하나님의 계획대로 이루어진 일이었어요. 이사야 선지자는 예수님이 태어나시기 약 700년 전에 이 일이 일어날 것을 미리 알고 글로 썼어요! 예수님은 자신을 믿는 사람들이 용서받게 하시려고 고난받은 종이세요.

가족과 이야기해요
- 메시아는 왜 사람들의 죄 때문에 벌을 받으셨나요?
- 누가 메시아이신가요? 그 사실을 어떻게 알 수 있나요?
- 사람들이 예수님을 받아들이지 않는 이유는 무엇일까요?

가족과 활동해요
- 가족과 함께 이웃을 섬기는 시간을 가져 보세요. 음식을 가져다준다든지, 심부름을 해 줄 수도 있고, 아이들을 돌봐 줄 수도 있어요. 가장 위대한 종이신 예수님을 전할 기회를 찾아보세요.

6. 히스기야는 남 유다의 신실한 왕이었어요

주제 하나님이 히스기야의 기도를 들어주셨어요.

단원 암송 히 1:1~2상

성경의 초점 하나님 말고 다른 신이 있나요?
진짜 하나님은 오직 한 분뿐이세요.

예수님 생각하기 히스기야는 하나님께 하나님의 백성을 적에게서 구원해 주셔서 모든 사람이 하나님만 진짜 하나님이신 줄 알게 해 달라고 기도했어요. 하나님은 히스기야의 기도를 들어주셨어요. 예수님도 자기 백성이 구원받게 해 달라고 기도하셨어요. 하나님은 예수님의 기도도 들어주셨지요. 예수님은 자신의 죽음과 부활로 사람들을 죄와 죽음에서 구원해 하나님께 영광을 돌리셨어요.

가족과 이야기해요
- 아시리아왕이 달라고 한 대로 은과 금을 준 것이 지혜로운 선택이었나요?
- 아시리아 백성은 무엇을 믿고 의지했나요?
- 우리는 누구를 믿고 의지해야 하나요?

가족과 활동해요
- 가족끼리 서로에게 격려의 편지를 써 보세요. 교회의 지도자들에게 편지를 써도 좋아요.
- 어려운 상황에 있는 사람들을 위해 기도하고 가장 힘이 되는 소식인 예수님의 복음을 전해 주세요.

7. 하나님이 호세아를 통해 북 이스라엘에 사랑을 전하셨어요

주제 하나님은 하나님을 사랑하지 않는 사람도 사랑하세요.

단원 암송 욜 2:13

성경의 초점 하나님은 어떤 분이신가요?
하나님은 불쌍히 여기시며, 사랑이 많으신 분이에요.

예수님 생각하기 고멜은 마음을 다해 호세아를 사랑하지 않았어요. 호세아를 슬프게 하는 행동을 했지요. 그래도 호세아는 여전히 고멜을 사랑했어요. 하나님의 백성도 마음을 다해 하나님을 사랑하지 않았어요. 우리도 하나님을 슬프시게 하는 행동을 하지요. 하지만 하나님은 여전히 우리를 사랑하세요. 하나님은 예수님을 우리의 구원자로 보내 우리에게 사랑을 보여 주셨어요.

가족과 이야기해요
- 우리가 마음을 다해 하나님을 사랑하지 않는다는 것을 보여 줄 만한 일에는 어떤 것이 있을까요?
- 무슨 일이 있어도 하나님은 우리를 사랑하신다는 사실을 알고 나니 어떤 마음이 드나요?

가족과 활동해요
- 평소 사랑하기 힘들었던 사람을 사랑하려고 노력하는 사랑의 행동을 구체적으로 생각해 보고, 우리도 하나님처럼 그를 보게 해 달라고 기도하세요.

8. 하나님이 요나를 통해
니느웨에 사랑을 전하셨어요

욘 1~4장

9. 하나님이 요엘을 통해
남 유다에 사랑을 전하셨어요

욜 1~3장

10. 하나님이 예레미야를 부르셨어요

렘 1장

11. 예레미야가 새 언약에 대해
예언했어요

렘 17:1~10, 31:31~34

8. 하나님이 요나를 통해 니느웨에 사랑을 전하셨어요

주제 하나님이 니느웨 사람들을 불쌍히 여기셨어요.

단원 암송 욜 2:13

성경의 초점 하나님은 어떤 분이신가요?
하나님은 불쌍히 여기시며, 사랑이 많으신 분이에요.

예수님 생각하기 하나님은 요나를 불러 적들에게 가서 죄를 그만 지으라고 말하라고 하셨어요. 요나는 가기 싫어했어요. 먼 훗날 하나님은 하나님의 아들 예수님을 보내 하나님의 적들에게 죄를 그만 지으라고 말하라고 하셨어요. 요나와 달리 예수님은 하나님께 순종하고 싶어 하셨어요. 예수님은 우리를 죄에서 구하려고 십자가에서 죽으셨어요.

가족과 이야기해요
- 하기 싫은 일을 억지로 했던 경험을 나누어 보세요.
- 하나님은 왜 니느웨 사람들을 불쌍히 여기셨나요?
- 하나님이 우리를 불쌍히 여기신다고 느껴 본 적이 있나요? 언제인가요?

가족과 활동해요
- 다른 문화를 인정하는 법을 배워 보아요. 민족적 특색이 강한 식당에서 식사하거나 식료품점을 들러 보세요. 국제적인 축제에 참석해 보세요.
- 외국어로 드리는 예배에 참석해 보세요.

9. 하나님이 요엘을 통해 남 유다에 사랑을 전하셨어요

주제 하나님이 하나님의 백성에게 회개하라고 경고하셨어요.

단원 암송 욜 2:13

성경의 초점 하나님은 어떤 분이신가요?
하나님은 불쌍히 여기시며, 사랑이 많으신 분이에요.

예수님 생각하기 요엘은 하나님이 적들을 심판하시고, 자기 백성을 풀어 주시며, 온 세상을 다시 바로잡으시는 날이 올 것이라고 경고했어요. 예수님은 사람들을 죄에서 구하기 위해 죽으셨어요. 예수님을 믿고 의지하는 사람은 안전해요.

가족과 이야기해요
- 하나님이 비를 멈추고 메뚜기 떼를 보내 남 유다의 식물들을 모두 먹어 치우게 하신 것은 백성을 사랑하신 것인가요, 사랑하지 않으신 것인가요?
- 예수님을 믿는 사람에게도 주님의 날은 무서운 날일까요? 왜 그렇게 생각하나요?

가족과 활동해요
- 해시계를 만드는 법을 인터넷으로 찾아 아이들과 함께 만들어 보세요. 어떤 일이 일어나는 데 걸리는 시간을 해시계로 재 보세요. 예수님이 다시 오시기를 열망하는 이유를 아이들에게 이야기해 주세요.

10. 하나님이 예레미야를 부르셨어요

주제 하나님이 예레미야에게 하나님의 말씀을 전하게 하셨어요.

단원 암송 렘 31:33

성경의 초점 우리는 왜 하나님께 순종해야 하나요?
하나님이 우리를 사랑하시기 때문이에요.

예수님 생각하기 하나님은 예레미야가 태어나기 전부터 그를 사람들에게 하나님의 말씀을 전하는 사람으로 정하셨어요. 마찬가지로 하나님은 오래전부터 하나님의 아들 예수님을 보내 십자가에서 죽게 하심으로 사람들을 위한 하나님의 사랑을 보여 줄 계획을 갖고 계셨어요.

가족과 이야기해요
- 하나님의 계획의 일부가 될 수 있는 사람은 누구인가요?
- 하나님은 예수님을 보낼 계획을 언제 세우셨나요?
- 하나님은 우리에게 어떤 계획을 가지고 계실까요?

가족과 활동해요
- 아빠, 엄마의 옛 사진첩을 꺼내 어릴 적 모습을 아이들에게 보여 주세요.
- 우리 가족의 삶을 인도하신 하나님에 대해 이야기를 나누어 보세요.

11. 예레미야가 새 언약에 대해 예언했어요

주제 하나님이 더 나은 언약을 맺겠다고 약속하셨어요.

단원 암송 렘 31:33

성경의 초점 우리는 왜 하나님께 순종해야 하나요?
하나님이 우리를 사랑하시기 때문이에요.

예수님 생각하기 하나님은 예레미야를 통해 우리의 죄를 용서하시고 사람들의 마음을 바꾸어 줄 것이라고 말씀하셨어요. 우리가 하나님의 아들 예수님을 믿고 의지할 때 하나님은 우리의 죄를 용서하세요. 예수님은 우리의 죄를 없애려고 십자가에서 죽으셨어요. 하나님은 성령 하나님을 통해 우리를 바꾸시고 하나님께 순종할 수 있는 힘을 주세요.

가족과 이야기해요
- 마음에 하나님의 법을 쓴다는 것은 무슨 말인가요?
- 새 언약이 옛 언약보다 좋은 이유는 무엇인가요?
- 예수님은 어떻게 새 언약이 이루어지게 하셨나요?

가족과 활동해요
- 우리 집에 있는 전기가 필요한 여러 가지 도구를 살펴보고, 콘센트에 연결해 도구를 작동시켜 보세요. 전기가 있어야 도구가 제 역할을 할 힘을 얻는다고 아이들에게 말해 주세요. 하나님은 성령 하나님을 통해 우리가 하나님께 순종할 수 있는 힘을 주신다고 말해 주세요.

12. 남 유다 백성이 포로로 잡혀갔어요

대하 36:1~21

13. 에스겔이 앞날의 소망을 이야기했어요

겔 37장

12. 남 유다 백성이 포로로 잡혀갔어요

주제 남 유다는 그들의 죄 때문에 바벨론의 포로가 되었어요.

단원 암송 렘 31:33

성경의 초점 우리는 왜 하나님께 순종해야 하나요? 하나님이 우리를 사랑하시기 때문이에요.

예수님 생각하기 하나님이 하나님의 백성의 죄를 벌하시는 것은 당연한 일이에요. 하지만 하나님은 여전히 그들을 사랑하셨어요. 하나님은 하나님의 아들 예수님을 보내 영원히 우리의 왕이 되게 하셨어요. 예수님은 우리가 받아야 할 벌을 대신 받으셨어요.

가족과 이야기해요

- 하나님은 남 유다 백성이 포로로 잡혀가기 전에 어떻게 경고하셨나요?
- 하나님은 왜 우리가 죄를 지어도 포로로 잡혀가게 하시지 않나요?
- 누가 우리 대신 벌을 받으셨나요?

가족과 활동해요

- 가족 또는 이웃과 함께 '깃발 되찾기' 게임을 하며 남 유다의 포로 생활 이야기를 기억해 보세요. ※깃발 되찾기 게임 : 사람들을 2팀으로 나누어, 상대방의 영역에 자기 팀의 깃발을 꽂은 상태에서 게임을 시작합니다. 자기 깃발을 먼저 되찾아 온 팀이 이깁니다.

13. 에스겔이 앞날의 소망을 이야기했어요

주제 하나님은 하나님의 백성을 다시 고향으로 데려올 계획을 세우셨어요.

단원 암송 렘 31:33

성경의 초점 우리는 왜 하나님께 순종해야 하나요? 하나님이 우리를 사랑하시기 때문이에요.

예수님 생각하기 하나님은 에스겔에게 마른 뼈로 가득 찬 골짜기를 보여 주셨어요. 하나님께 불순종하는 사람은 마른 뼈와 같아요. 하지만 하나님은 우리의 죄를 없애려고 예수님을 보내 주셨어요. 죄에서 돌아서서 예수님을 믿고 의지할 때 하나님은 우리에게 생명을 주시고 영원히 하나님과 살 수 있게 해 주세요.

가족과 이야기해요

- 하나님은 어떻게 하나님의 백성에게 새 삶을 살게 할 계획을 세우셨나요?
- 우리는 어떤 점에서 마른 뼈와 같나요?
- 어떻게 해야 우리도 새 삶을 누릴 수 있을까요?

가족과 활동해요

- 가족들이 사용하지 않는 성경을 모아 교도소 사역을 하는 선교 단체에 기증해 보세요.
- 작은 뼈 모형 세트를 구해 아이들과 함께 종이 위에 정렬한 뒤 풀로 붙여 보세요. 예수님이 우리를 어떻게 살리시는지 아이들과 이야기를 나누어 보세요.